Peggy Nille

En busca de las criaturas más fascinantes de nuestro océano

MIL
MUNDOS
POR CREAR

Un cangrejo
ermitaño común

Pagurus bernhardus

T odo está en calma en casa de los crustáceos. Un cangrejo araña de coral blando adorna su caparazón, mientras otro cangrejo perla burbujea con placidez. De repente, un grito agudo rompe el silencio del océano:

—¡Socorro, socorro, me robaron el caparazón! —grita Bernardo, el cangrejo ermitaño.

Todos los cangrejos acuden corriendo.

—¡Pobre Bernardo! ¿Quién se habrá atrevido a hacerlo? ¡Vayamos tras el ladrón! —decide un cangrejo boxeador, siempre dispuesto a impartir justicia.

El cangrejo araña de coral blando sugiere preguntarle a las babosas marinas, sus vecinas, si vieron algo. Y así, los tres crustáceos parten en busca del culpable y del caparazón.

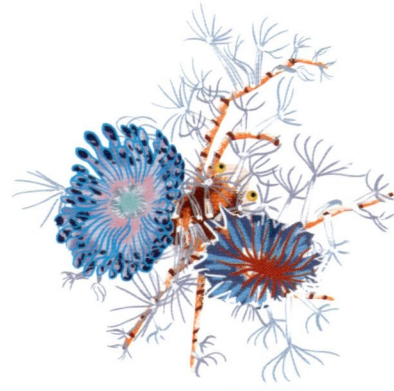

Un cangrejo araña
de coral blando

Achaeus spinosus

Un cangrejo boxeador
(o cangrejo pom pom)

Lybia tessellata

Un camarón
emperador

Periclimenes imperator

Tres cangrejos
espinosos reales

Paralomis histrix

Un cangrejo cálico
del golfo

Hepatus epheliticus

Un cangrejo
gigante japonés
(o de patas largas)

Macrocheira kaempferi

Un camarón arlequín

Hymenocera picta

Dos camarones mantis
pavo real

Odontodactylus scyllarus

Un cangrejo perla

Heteronucia perlata

¿Encontraste al cangrejo ermitaño y a los animales de arriba?

Entre las babosas no hay estrés. Todas se arrastran con lentitud y se toman su tiempo.

Cuando los tres crustáceos, inquietos, les preguntan si vieron al ladrón, la oveja de mar responde:

—Tranquilos: aquí nadie tiene caparazón. Respira, Bernardo…

—Pero… pero ¡corro el peligro de ser atacado: soy tan frágil sin mi casa! —solloza el pobre.

—Vi un caparazón moviéndose con una extraña linterna dentro. Se dirigía al arrecife de coral, más allá del banco de medusas —informa el conejo de mar.

—¡Más allá del banco de medusas! —tiembla el cangrejo boxeador—. Nos quemarán a todos con sus tentáculos urticantes. ¡Ay, ay, ay!

—¡Ánimo y vámonos! —ordena el cangrejo araña de coral, siempre dispuesto a afrontar un desafío.

La babosa de neón y un dragón marino azul, muy curiosos ante la posibilidad de conocer el arrecife de coral, se unen a ellos.

Un conejo de mar

Jorunna parva

Una oveja de mar

Costasiella kuroshimae

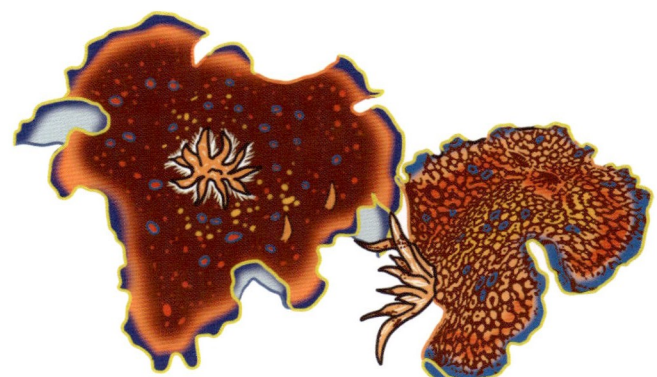

Dos babosas de mar de colores del mar Rojo

Goniobranchus charlottae

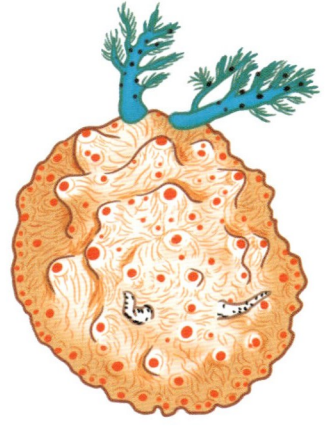

Una babosa de Batangas

Halgerda batangas

Tres dragones marinos azules

Glaucus atlanticus

Una babosa psicodélica

Sagaminopteron psychedelicum

Tres babosas de mar racimo de uvas

Doto ussi

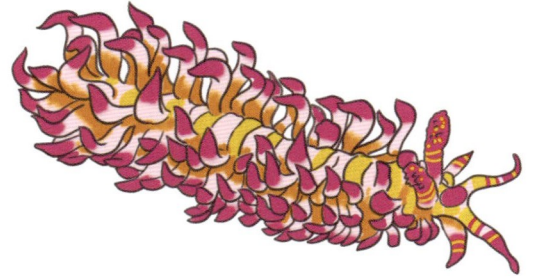

Una limenandra confusa

Limenandra barnosii

Una babosa de neón

Nembrotha kubaryana

¿Localizaste a los animales de arriba, y al cangrejo ermitaño, al cangrejo araña de coral y al cangrejo boxeador?

Como en un *ballet,* danzantes con filamentos transparentes giran alrededor. La travesía promete ser peligrosa.

—¡Qué hermosas! —exclama la babosa de neón.

—Sobre todo, no las toques —advierte el cangrejo araña de coral.

Dos medusas corona (o coliflor)

Cephea cephea

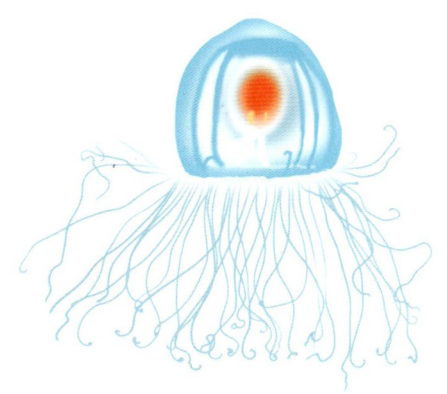

Una medusa inmortal (o lunar)

Turritopsis dohrnii

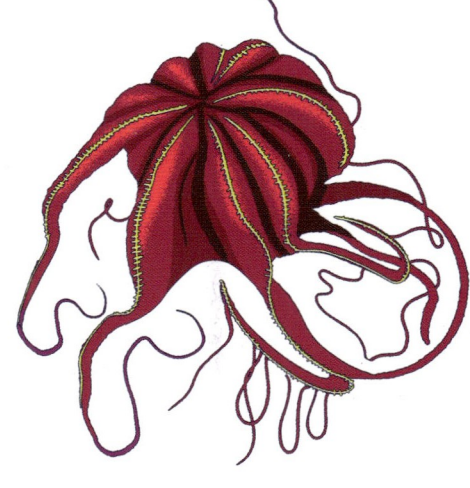

Una medusa peine de vientre sangriento

Lampocteis cruentiventer

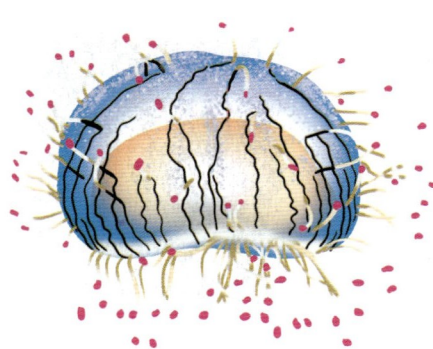

Dos medusas sombrero de flor

Olindias formosa

Dos medusas de puntos blancos (o campana flotante)

Phyllorhiza punctata

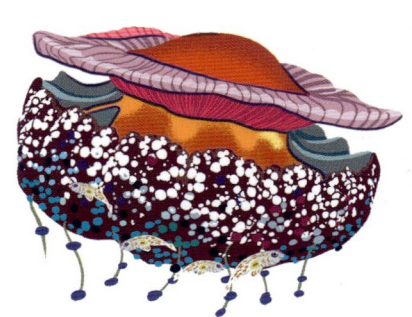

Una medusa huevo frito

Cotylorhiza tuberculata

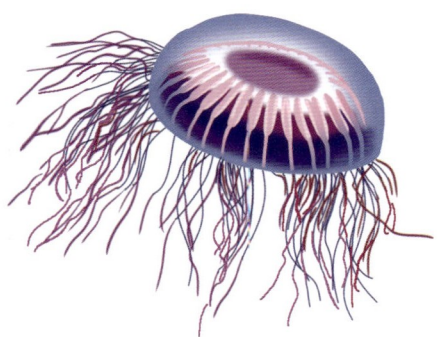

Dos medusas de fuegos artificiales

Halitrephes maasi

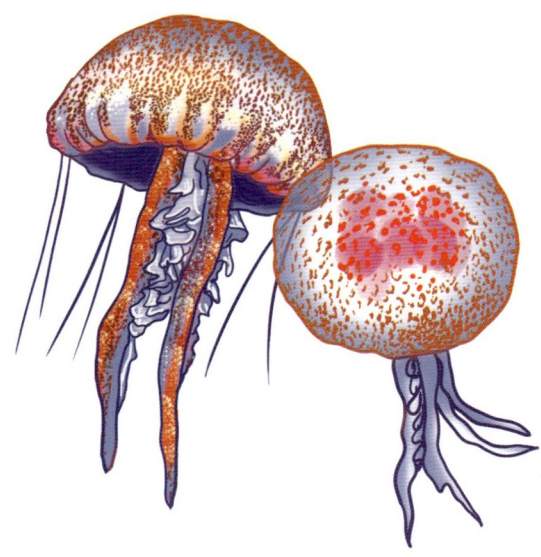

Dos medusas luminiscentes

Pelagia noctiluca

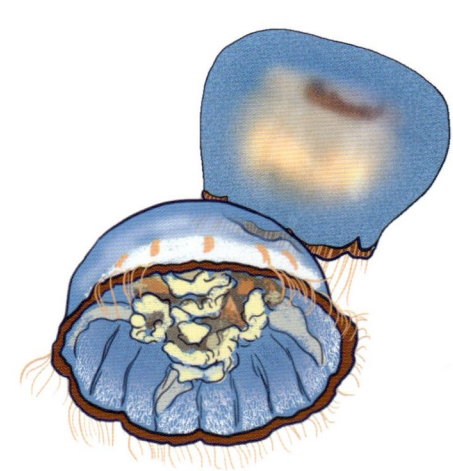

Dos medusas lunar de bandas marrones

Aurelia limbata

¿Hallaste a los animales de arriba, y al cangrejo ermitaño, al cangrejo boxeador, a la babosa de neón, al cangrejo araña de coral y al dragón marino azul?

Un pez payaso
del Pacífico

Amphiprion percula

¡**U**f! Los cinco amigos corrieron y lograron irse
sanos y salvos, hasta llegar al arrecife de coral.
—¡Bienvenidos! —anuncia el pez payaso del Pacífico.
Les presento:

Dos peces
ballesta picasso

Rhinecanthus aculeatus

Dos peces león
de aletas anchas

Pterois antennata

Un pez ballesta payaso

Balistoides conspicillum

Tres ídolos moros

Zanclus cornutus

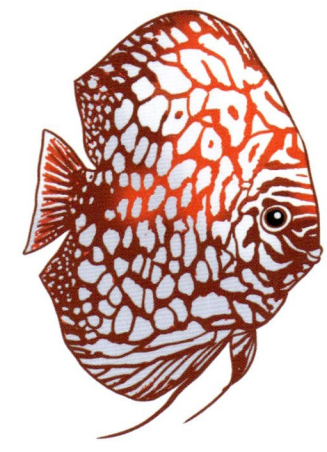

Dos peces disco

Symphysodon discus

Tres peces mandarín

Synchiropus splendidus

Un pez cara de zorro

Siganus vulpinus

Cuatro peces
ángel emperador

Pomacanthus imperator

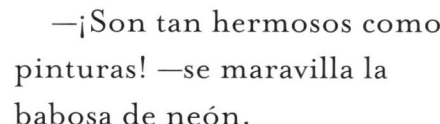

—¡Son tan hermosos como
pinturas! —se maravilla la
babosa de neón.
—Buscamos el caparazón
de Bernardo, ¿lo han visto?
—pregunta el cangrejo araña
de coral.
—No, aquí no, pero
vayamos a buscar entre las
anémonas —propone el pez
payaso.

¿Ubicaste a los animales de arriba, y al cangrejo ermitaño, al cangrejo araña de coral,
al cangrejo boxeador, a la babosa de neón y al dragón marino azul?

—¡Miren estas maravillas! ¡Hay más de mil variedades de anémonas!
—exclama el pez payaso, entusiasmado.
Sin embargo, en cuanto termina la frase, el cangrejo boxeador les grita:
—¡Atención! Allí está el caparazón de Bernardo: se dirige hacia
los caballitos de mar. ¡Vayamos por él!

¿Ubicaste a los veintiún peces payaso, al cangrejo ermitaño,
al cangrejo boxeador, al cangrejo araña de coral, a la babosa de neón,
al dragón marino azul, al pez león, al pez mandarín, al pez ballesta
picasso, al pez ballesta payaso, a los tres peces ángel
emperador, al pez cara de zorro, al pez disco
y al caparazón de Bernardo?

—¡Qué expertos en camuflaje! Sus cuerpos imitan el coral a la perfección. Es probable que el ladrón se crea igual de bueno para esconderse, pero ¡lo hemos encontrado!

—¡Sal de ese caparazón! —ordena el cangrejo boxeador con las pinzas en alto.

Un rape abisal asoma la cabeza y empieza a llorar:

—No me hagas daño. Yo también quería nadar entre los campos de anémonas, pero soy demasiado feo, así que vivo en el fondo del océano.

—¡Vamos, no eres feo, sino tan hermoso como la noche! Bueno, si quieres, quédate con mi caparazón —lo invita el cangrejo ermitaño, comprensivo.

—¡Tengo una gran idea, Bernardo! ¡Te haré una casa estupenda con las hermosas anémonas! —le ofrece el cangrejo araña de coral con entusiasmo—. Nadie te verá ni podrá atacarte.

Un pez pipa
fantasma arlequín

Solenostomus paradoxus

Dos dragones de mar foliados
(o foliáceos)

Phycodurus eques

Un rape abisal hembra
y su caparazón

Melanocetus johnsonii

Dos caballitos de mar
de coral blando

Hippocampus debelius

Dos dragones marinos
comunes

Phyllopteryx taeniolatus

Cuatro caballitos
de mar pigmeos

Hippocampus bargibanti

¿Descubriste a los animales de arriba, y al cangrejo ermitaño Bernardo y su caparazón, al cangrejo araña de coral, al cangrejo boxeador, a la babosa de neón y al dragón marino azul?

$\mathbf{A}$hora, todo está decorado, y ¡Bernardo se siente muy feliz!

El grupo adopta al rape abisal, el cual confiesa que muchos como él se hunden en las profundidades debido a su fealdad.

—¡Vayamos a conocerlos! —los convoca el caballito de mar pigmeo, que también se les unió—. Seguro que son mucho más hermosos de lo que creen y, ¿quién sabe?, incluso podríamos hacernos amigos.

Por el camino, se encuentran con magníficos moluscos y cefalópodos:

Un pulpo grande
de anillos azules

Hapalochlaena lunulata

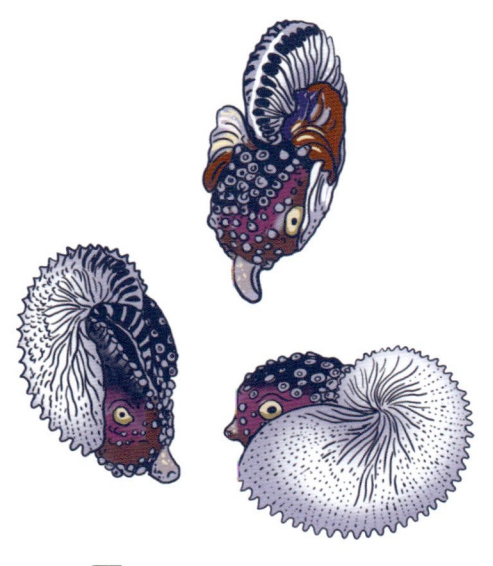

Tres argonautas
nudosas hembras

Argonauta nodosus

Un pulpo
fotogénico
"maravilla"
y su larva

Wunderpus photogenicuss

Dos pulpos rosas
(o *flapjack*)

Opisthoteuthis californiana

Una sepia rabicorto
de Berry

Euprymna berryi

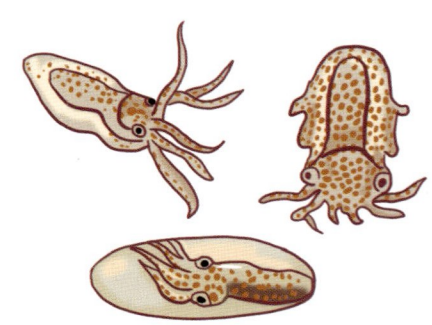

Dos calamares comunes
bebé y un huevo

Loligo vulgaris

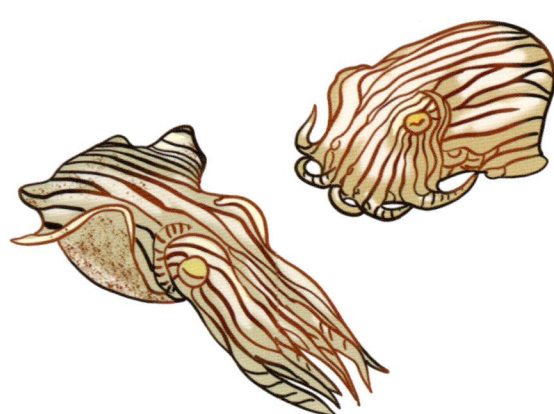

Dos calamares
piyama rayados

Sepioloidea lineolata

Dos pulpos veteados
(o cocoteros)

Amphioctopus marginatus

¿Averiguaste donde están los animales de arriba, así como el pez pipa fantasma arlequín que se unió a la tropa y Bernardo, el cangrejo ermitaño disfrazado de anémona?

La tropa nada hacia el abismo, donde la luz del sol jamás penetra y reinan condiciones extremas. En estas vastas profundidades marinas habita una gran variedad de criaturas extrañas y maravillosas:

Un sifonóforo

Marrus orthocanna

Un pez pelícano

Eurypharynx pelecanoides

Un engullidor negro

Chiasmodon niger

Un tiburón duende
(o trasgo)

Mitsukurina owstoni

Un pez trípode

Bathypterois grallator

Un pulpo Dumbo

Grimpoteuthis

Un isópodo gigante

Bathynomus giganteus

Un pez ogro
(con colmillos largos)

Anoplogaster cornuta

Un calamar vampiro
del infierno

Vampyroteuthis infernalis

—¡Guau! ¡Cuánta vida hay, y todos son maravillosos! Y no son los monstruos que ellos mismos creen ser. ¡Únanse a nuestro grupo y celebremos una gran fiesta! —los convida Bernardo.

¿Viste a los animales de arriba, y al cangrejo ermitaño y su caparazón, al cangrejo boxeador y al rape abisal?

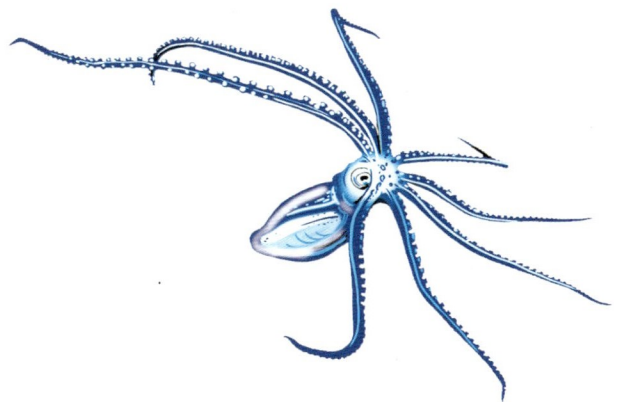

Dos calamares de cristal

Taonius borealis

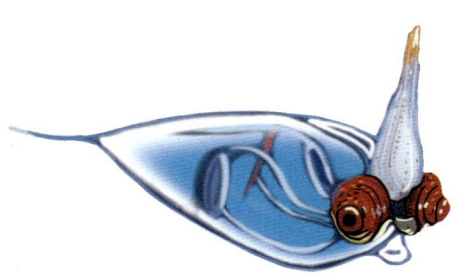

Dos pulpos manta

Tremoctopus violaceus

Conforme siguen las corrientes marinas, conocen animales completamente transparentes. ¡Algunos, incluso, crean su propia luz!

Tres calamares enope de orejas afiladas

Ancistrocheirus lesueurii

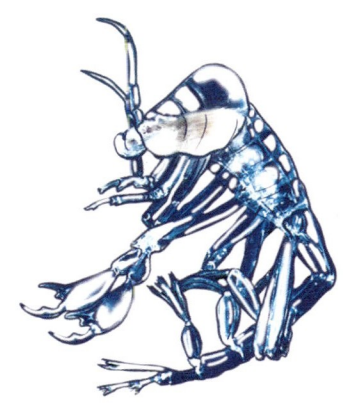

Dos gambas de cristal

Phronima sedentaria

Siete cliones comunes (o mariposa marina desnuda)

Clione limacina

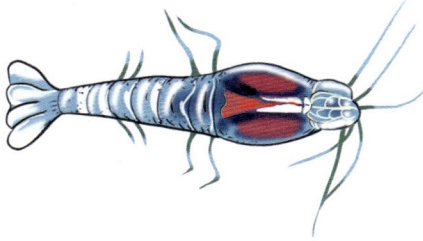

Un camarón ciego

Rimicaris exoculata

Un pez duende (o cabeza transparente)

Macropinna microstoma

—¡Acompáñennos, amigos: estamos de fiesta en el arrecife de coral! —los anima el rape abisal. ¡Todo el mundo está invitado!

¿Buscaste a los animales de arriba?

Al salir a la superficie, un pez murciélago de labios rojos los ve pasar y los llama.

—¿Quiénes son? —pregunta con parquedad.

—Nada más que un grupo de amigos decididos a hacer una gran fiesta para celebrar sus diferencias y la belleza en todas sus formas. ¡Me encantan tus labios: estás deslumbrante! ¿Quieres venir? —dice el pez payaso.

Halagado, el pez murciélago tranquiliza a sus vecinos:

—No son depredadores: ¡sigámoslos!

Dos peces cofre amarillo

Ostracion cubicus

Un caracol lengua de flamenco

Cyphoma gibbosum

Un pez piedra de arrecife

Synanceia verrucosa

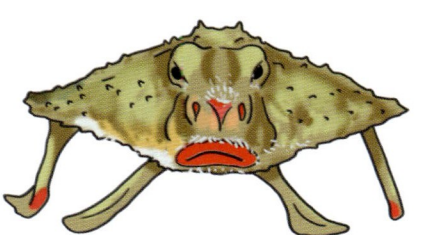

Dos peces murciélago de labios rojos

Ogcocephalus darwini

Un pez erizo espinas amarillas

Cyclichthys spilostylus

Un tiburón fantasma australiano

Callorhinchus milii

Un tiburón toro durmiente

Heterodontus portusjacksoni

Una raya de arrecife

Taeniura lymma

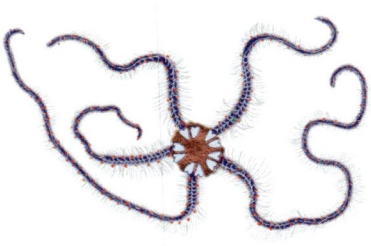

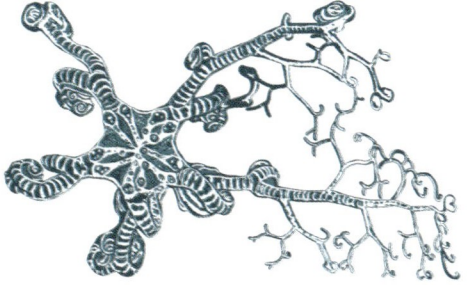

Tres estrellas frágiles púrpuras

Ophiothrix purpurea

Dos estrellas cesta (o cabeza de Gorgona)

Astrocladus euryale

Dos ballerbos (o bernios cabezones)

Salaria pavo

¿Avistaste a los animales de arriba, así como a veintiún peces payaso y a Bernardo, el cangrejo ermitaño, vestido de anémona?

El grupo crece y en el océano se corre la voz de que habrá una fiesta gigantesca, en la que todos son bienvenidos. Otras especies, incluidas aquellas que suelen estar solas, quieren unirse:

Un pez miracielo (pez rata o pejesapo)

Uranoscopus scaber

Un cangrejo herradura (o cacerola de mar)

Limulus polyphemus

Tres rayas águila

Aetomylaeus vespertilio

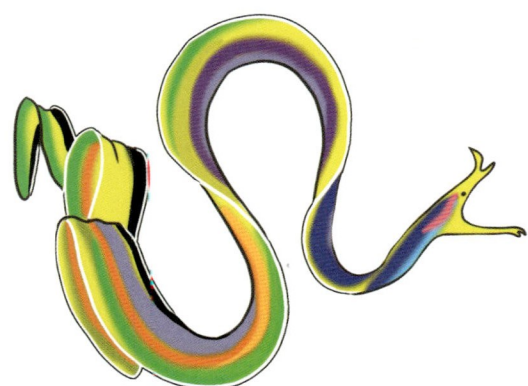

Ocho anguilas listón azul

Rhinomuraena quaesita

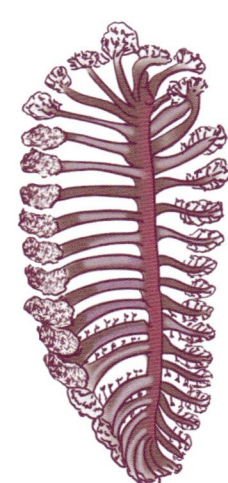

Un calamar lechón anillado (o calamar cerdito)

Helicocranchia pfefferi

Un pez rana pintado

Antennarius pictus

Un pez escorpión maleza

Rhinopias frondosa

Una pluma de mar

Virgularia

Un tiburón alfombra manchado

Orectolobus maculatus

¿Distinguiste a todas estas especies y al pez payaso?

Una vez reunidos, ¡comienza la fiesta en el arrecife de coral! Todos muestran con orgullo sus diferencias y se divierten. ¡Qué hermosa es la naturaleza!

¿Detectaste a todas las especies que aparecieron a lo largo del libro? ¡Mantén los ojos abiertos! ¡Hay al menos un ejemplar de cada una de ellas!

¿Sabías que…?

Si bien representan 70.8% de la superficie de nuestro planeta, aún sabemos muy poco sobre los océanos y mares: apenas un 5% se han explorado a fondo y menos del 30% están cartografiados con precisión, ¡mientras que disponemos de imágenes muy detalladas del planeta Marte!

Peces león de aletas anchas

Pterois antennata

Emparentado con el pez león colorado, se distingue por las partes espinosas de sus aletas, largas y blancas, semejantes a antenas. Pero ¡cuidado! Al igual que su primo, sus grandes radios contienen glándulas venenosas y causan una picadura muy dolorosa. Por fortuna, suelen cazar de noche y se esconden durante el día.

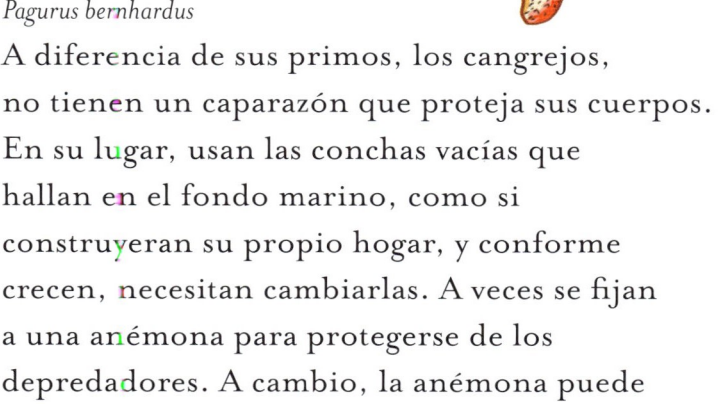

Cangrejos ermitaños comunes

Pagurus bernhardus

A diferencia de sus primos, los cangrejos, no tienen un caparazón que proteja sus cuerpos. En su lugar, usan las conchas vacías que hallan en el fondo marino, como si construyeran su propio hogar, y conforme crecen, necesitan cambiarlas. A veces se fijan a una anémona para protegerse de los depredadores. A cambio, la anémona puede moverse con más facilidad. ¡Qué hermosa amistad!

Babosas marinas

Nudibranchia

También llamadas nudibranquios —por tener las branquias "al desnudo"—, existen más de tres mil especies conocidas. Algunas se adaptan a las algas que comen y usan la luz para fabricar su propio alimento. ¡Gracias a eso se encuentran llenas de energía! Pero ten cuidado también, ya que pueden picar: ¡así que nunca las toques!

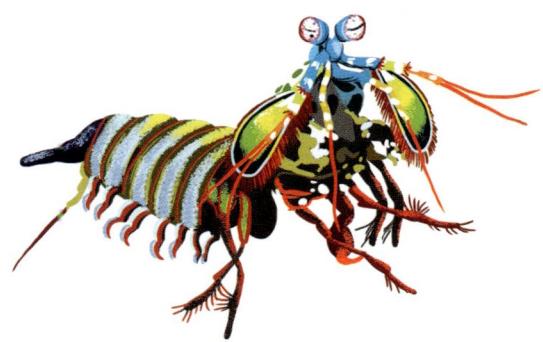

Camarones mantis pavo real

Odontodactylus scyllarus

Estos crustáceos poseen una de las habilidades visuales más efectivas del reino animal: sus ojos abarcan 360 grados y perciben la luz infrarroja y ultravioleta. También son conocidos por su ataque, de particular potencia, que les permite romper caparazones de cangrejos e incluso cristales de acuarios. Las hembras ponen hasta cincuenta mil huevos, que guardan con cuidado cerca de su boca durante la gestación. Durante este tiempo no se alimentan y los machos permanecen a su lado para proteger a las futuras crías.

Caballitos de mar pigmeos

Hippocampus bargibanti

No miden más de 2.7 centímetros: ¡ni siquiera el tamaño de un pulgar! Pueden ser de colores gris claro, morado o amarillo. Sus cuerpos están cubiertos de pequeñas excrecencias que imitan la textura y el color de los corales donde viven. Son ovovivíparos. Esto significa que los huevos eclosionan dentro de sus cuerpos antes de que liberen a las crías. Al igual que otros caballitos de mar, son los machos los que se encargan de llevar los huevos.

Engullidores negros

Chiasmodon niger

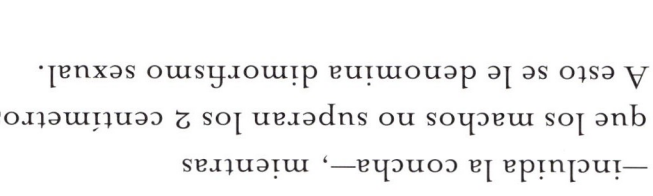

Relativamente pequeños, estos peces de aguas profundas se tragan enteras a sus presas: nada extraordinario en apariencia, salvo que sus víctimas llegan a medir más del doble de su longitud. Pero ¡cuidado con esta costumbre!, pues se han hallado ejemplares engullendo presas tan gruesas que mueren sin lograr digerirlas.

Camarones ciegos

Rimicaris exoculata

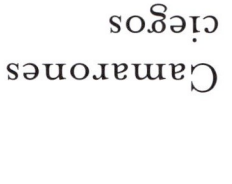
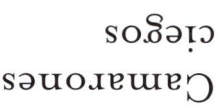

Carecen de ojos. Para sobrevivir en las profundidades abisales, albergan bacterias beneficiosas bajo sus caparazones que les permiten absorber el alimento, lo cual da origen a sus grandes cabezas. Por lo tanto, camarones y bacterias viven en simbiosis.

Medusas inmortales (o lunares)

Turritopsis dohrnii

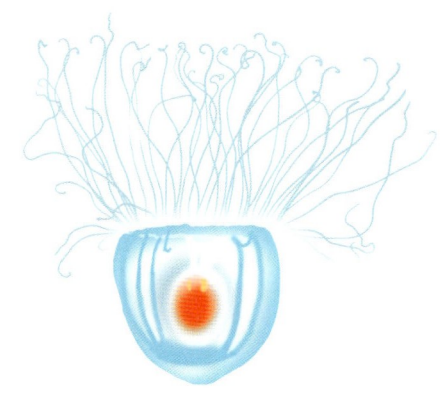

Pueden revertir su ciclo de vida y volver a la juventud tras convertirse en adultas: ¡como volver a ser un bebé cuando uno quiera! Hacen esto para mantenerse a salvo y evitar el peligro. A pesar de este superpoder, siempre deben ser cuidadosas con los peces grandes y las enfermedades a las que pueden sucumbir.

Pulpos grandes de anillos azules

Hapalochlaena lunulata

Suelen ser de color amarillo o gris y miden entre diez y quince centímetros. De gran inteligencia, se adaptan a su entorno y, cuando se sienten en peligro, los hermosos anillos azules de su cuerpo se intensifican. Se esconden entre las rocas, pero si los atacan su mordedura libera un veneno mortal. ¡Mucha precaución!

Argonautas nudosas

Argonauta nodosus

Las hembras son las únicas con una concha calcárea, llamada vaina, que secretan ellas mismas y utilizan para proteger sus huevos. Ellas miden hasta treinta centímetros —incluida la concha—, mientras que los machos no superan los 2 centímetros. A esto se le denomina dimorfismo sexual.

Rapes abisales

Melanocetus johnsonii

Estos peces linterna poseen un pequeño órgano luminoso en la cabeza que brilla en la oscuridad y a lo cual se le conoce como bioluminiscencia. Usan esta luz para atraer pequeños animales que se comen, en un mecanismo similar a las lámparas que atraen insectos. ¡Su característica especial es que el macho se fusiona por completo con la hembra durante el apareamiento!

AKAL INFANTIL / MIL MUNDOS por crear
Traducción: Equipo editorial Akal
En busca de las criaturas más fascinantes de nuestro océano
Título original: *Sous l'océan cherche les animaux les plus fascinants*
Textos e ilustraciones: Peggy Nille
© Actes Sud, 2025
Publicado originalmente en 2025 por Actes Sud,
a través de Isabelle Torrubia Agencia Literaria

© Ediciones Akal, S. A., 2026
para lengua española
Sector Foresta, 1
28760 Tres Cantos
Madrid-España
Tel.: 918 061 996
atencion.cliente@akal.com
www.akal.com/akal-infantil-y-juvenil

ISBN: 978-84-460-5794-9
Depósito legal: M-25.335-2025

Impreso en Italia